AF497935

RAPPORT

SUR LES

MONUMENTS MÉGALITHIQUES

DE LA CORSE

PAR M. ADRIEN DE MORTILLET

La Corse possède un certain nombre de monuments mégalithiques.
Le capitaine d'artillerie Mathieu est, à notre connaissance, le premier
qui ait constaté la présence de ces monuments dans l'ile. Il leur a
consacré un article qui a paru en 1810, dans le tome VI des *Mémoires
de l'Académie celtique*. En 1835, dans ses *Recherches historiques et
statistiques sur la Corse*, Robiquet a donné de plus amples détails
sur quelques-uns d'entre eux. Mais, le travail le plus important qui
ait été publié sur ce sujet est dû à Prosper Mérimée. Dans ses *Notes
d'un voyage en Corse*, imprimées en 1840, le savant archéologue a
décrit et figuré une bonne partie des dolmens et des menhirs de l'arrondissement de Sartène.

L'étude de ce groupe de mégalithes, qui présente tant par lui même
que par sa position géographique un très réel intérêt, a été depuis
lors fort négligée. C'est à peine s'ils ont été l'objet de quelques articles
insérés dans divers journaux ou revues[1] et de quelques mentions
faites dans des ouvrages géographiques[2].

---

1. Alexandre Grassi, *Menhirs de la Corse* (dans la *Science pour tous* du
21 décembre 1865). — A. Mattei, *Les monuments celtiques en Corse* (dans
l'*Avenir de la Corse* du 20 février 1867). — A. Mattei, *Études sur les premiers
habitants de la Corse* (dans les *Bulletins de la Société d'anthropologie de Paris*,
1876). — L. Pigorini, *Notizie paletnologiche della Corsica* (dans le *Bullettino d
paletnologia italiana*, 1877). ;

2. Léonard de Saint-Germain, *Itinéraire descriptif et historique de la Corse*,
1869. — Corbetta, *Sardegna e Corsica*. — Marmocchi, *Abrégé de géographie*

Chargé par M. le Ministre de l'Instruction publique, sur la demande de la Sous-Commission des Monuments mégalithiques, d'une mission en Corse, nous avons pu visiter, relever et photographier les mégalithes déjà connus et ajouter à cette liste quelques monuments qui n'avaient pas encore été signalés.

Les monuments mégalithiques ont dû être anciennement beaucoup plus nombreux en Corse. Il est très probable qu'il en a été détruit un grand nombre pour employer les matériaux à la construction des maisons et des innombrables murs en pierres sèches que l'on rencontre sur divers points de l'île. De plus, certaines parties de la Corse n'ont été explorées que d'une manière très incomplète au point de vue archéologique. On découvrira sans doute de nouveaux monuments, en parcourant avec attention les régions peu cultivées, encore en partie recouvertes de maquis, et parsemées de blocs de granite, véritables carrières de matériaux éminemment propres à la confection des dolmens et des menhirs.

de l'île de Corse. — Guérard, *Géographie synoptique de la France et de ses colonies*. — Pietrasanta, *Le climat du midi de la France. La Corse et la stat. d'Ajaccio*, 2ᵉ rapport, chapitre : *Archéologie*. — Etc.

I. — ALIGNEMENT DE CAOURIA.

Commune de Sartène, chef-lieu d'arrondissement.

Cet alignement est situé au pied de la *Pointe de Caouria*, Cauria ou Gavuria, entre le ruisseau le *Loreto* et la rivière l'*Ortolo*, pas très loin de la mer. Il est distant d'environ 300 mètres du dolmen de Fontanaccia et d'environ 300 mètres, également, de l'alignement de Rinaïou.

Probablement beaucoup plus considérable anciennement, car on a dû détruire bon nombre des blocs qui le composaient lors de la construction des murs en pierres sèches qui se trouvent dans le voisinage, l'alignement de Caouria ne comprend plus, aujourd'hui, que trente-deux menhirs dont six sont renversés et plusieurs autres plus ou moins inclinés. Une partie de l'alignement, englobée dans un épais maquis qu'il est difficile de pénétrer, semble former deux lignes, à peu près parallèles, de pierres plates plantées en terre. Le reste est assez irrégulièrement disséminé.

Dimensions des menhirs de l'alignement de Caouria.

Numéros.
1. Hauteur, 1ᵐ.
2. Hauteur, 1ᵐ.
   Largeur, 1ᵐ.
3. Hauteur, 1ᵐ (couché).
4. Hauteur, environ 1ᵐ.
5. Hauteur, 2ᵐ,20.
   Largeur, 1ᵐ.
   Épaisseur, 0ᵐ,35.
6. (Petit).
7. Haut., 1ᵐ,30 (épais et incliné).
8. (Petit).
9. Hauteur, 1ᵐ,30.
10. (Petit).
11. Haut., 1ᵐ,50 (renversé et cassé).
12. (Moyen), (renversé).
13. (Moyen), (renversé et cassé).
14. (Moyen), (plat).

Numéros.
15. (Moyen), (plat).
16. Hauteur, plus de 1ᵐ (plat).
17. Hauteur, plus de 1ᵐ (plat).
18. Hauteur, 2ᵐ,30 (renversé et enterré).
19. Hauteur, 1ᵐ,38 (incliné).
    Largeur, 0ᵐ,42.
    Épaisseur maxima, 0ᵐ,30.
20. Haut., 1ᵐ,80 (pointu et incliné).
    Largeur, de 0ᵐ,50 à 0ᵐ,36.
    Épaisseur, de 0ᵐ,38 à 0ᵐ,17.
21. A peu près mêmes dimensions que le n° 22 (incliné).
22. Hauteur, 0ᵐ,65.
    Largeur, 0ᵐ,50.
    Épaisseur, 0ᵐ,15.

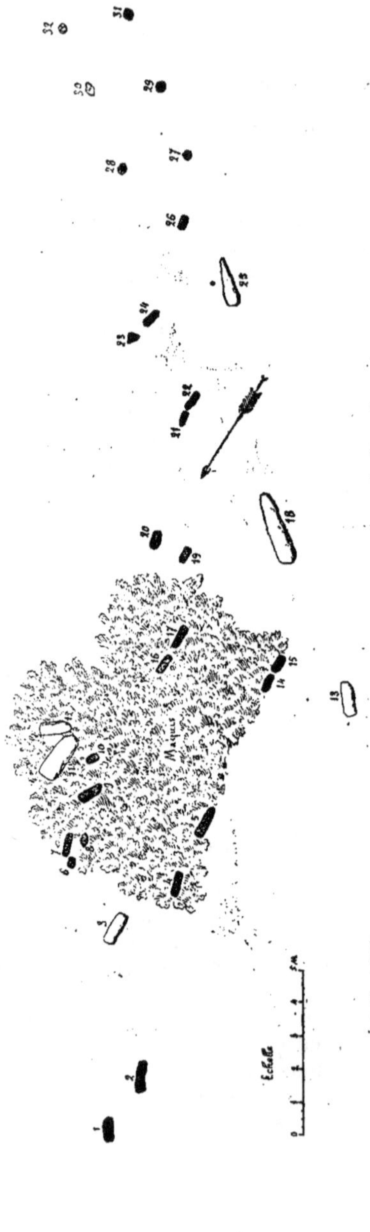

23. Haut., 0m,75 (coupe triangulaire
    avec côtés de 0m,25 à 0m,30).
24. Hauteur, 1m,53.
    Largeur de 0m,40 à 0m,50.
    Épaisseur de 0m,10 à 0m,20.
25. Hauteur, 1m,45.
    Larg. de 0m,35 à 0m,15 (menhir
    en pointe, cassé et renversé).
26. Hauteur, 0m,55.
    Largeur, 0m,30.
De 27 à 32. Haut., 0m,30 à 0m,40.

Fig. 1. — Plan de l'alignement de Caouria.

Échelle 1/200.

Echelle 1/70.

Fig. 2. — Menhir n° 20 du plan.

Échelle 1/70.

Fig. 3. — Menhir n° 24 du plan.

II. — Alignement de Rinaïou.

Commune de Sartène, chef-lieu d'arrondissement.

Cet alignement est situé au lieu dit *Rinaïou*, dans la plaine qui s'étend au Nord de la *Pointe de Caouria*, à 300 mètres environ de l'alignement de Caouria et à près de 400 mètres du dolmen de Fontanaccia.

Il se compose de sept menhirs, mesurant de 1ᵐ,80 à 3 mètres de hauteur, rangés en ligne droite. Sur les quatre qui sont encore debout, deux font aujourd'hui partie d'un mur de pierres sèches. Les trois autres sont couchés. Il y a bien encore dans le voisinage plusieurs autres pierres, qui ont dû appartenir à ce groupe, mais elles sont trop cassées et déplacées pour ajouter quelque intérêt au monument.

Prosper Mérimée, qui a visité cet alignement vers 1840, y a compté alors neuf menhirs, dont cinq debout et quatre renversés, et il pense que leur nombre a dû être autrefois plus considérable.

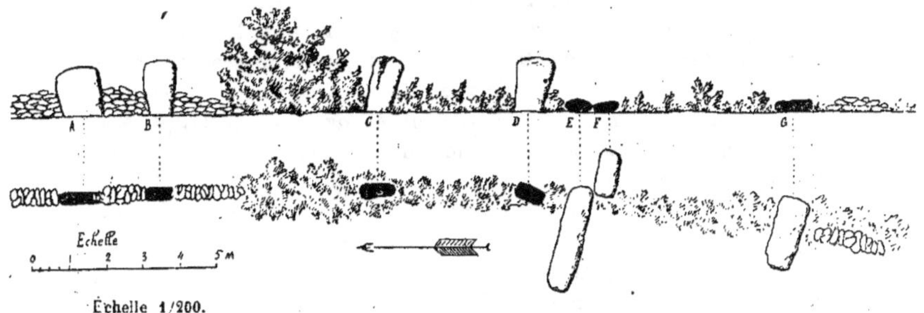

Fig. 4 et 5. — Profil et plan de l'alignement de Rinaïou.

Dimensions des menhirs de l'alignement de Rinaïou.

A. Hauteur, 1ᵐ,40
  Largeur, 0ᵐ,95
  Épaisseur, 0ᵐ,20
B. Hauteur, 1ᵐ,50
  Largeur, 0ᵐ,50 à 0ᵐ,85
  Épaisseur, 0ᵐ,20
C. Hauteur, 1ᵐ,50
  Largeur, 0ᵐ,60
  Épaisseur, 0ᵐ,30

D. Hauteur, 1ᵐ,50
  Largeur, 0ᵐ,60 à 0ᵐ,70
  Épaisseur, 0ᵐ,23
E. Hauteur, 3ᵐ
  Largeur, 0ᵐ,50
  Épaisseur, 0ᵐ,35
F. Hauteur, 1ᵐ,30
  Largeur, 0ᵐ,43
  Épaisseur, 0ᵐ,25

G. Hauteur, 1ᵐ,95
  Largeur, 0ᵐ,75
  Épaisseur, 0ᵐ,20
Dist. entre A et B. 1ᵐ,20
  — B et C. 5ᵐ,30
  — C et D. 3ᵐ,50
  — D et E. 0ᵐ,70
  — E et F. 0ᵐ
  — F et G. 4ᵐ,40

III. — DOLMEN DE FONTANACCIA.

Commune de Sartène, chef-lieu d'arrondissement.

PLANCHE XI, N° 1

Ce monument, le plus beau et le mieux conservé des dolmens de la Corse, est placé au lieu dit *Fontanaccia*, sur une petite éminence qui domine la plaine de Caouria et forme comme un contrefort de la *Pointe de Caouria*. Il est voisin, comme nous l'avons déjà dit, des alignements de Caouria et de Rinaïou. On l'appelle dans le pays : *Stazzona del Diavolo*, Forge du Diable.

Il est composé de huit dalles de granite de faible épaisseur : sept supports formant une chambre rectangulaire et une table recouvrant le tout. Les supports sont légèrement inclinés à l'intérieur. Celui qui sert de fond (D) est en retrait, de sorte que les dalles des côtés (C et E) débordent extérieurement de près de 0^m,40. L'aire de la chambre est à environ 0^m,40 au-dessous du sol environnant. Cette chambre devait être fermée, car la dalle (A) qui sert aujourd'hui de seuil semble avoir été cassée postérieurement à la construction du monument.

La table (H) ou dalle de recouvrement est une grande pierre plate de forme assez régulière (fig. 7), fendue obliquement dans toute sa largeur (*a*, *b*). Sa plus grande longueur est de 3^m,40 et sa plus grande largeur de 2^m,90. A la surface extérieure se trouvent trois dépressions, espèces de cuvettes (A, B, C), qui paraissent naturelles, mais qui sont reliées aux bords de la table par trois rigoles (1, 2, 3) évidemment faites par la main de l'homme. Le fond anguleux de ces canaux et la fraîcheur de leurs bords doivent les faire considérer comme modernes. Ils paraissent destinés à l'écoulement de l'eau, qui, des cuvettes, pourrait s'introduire dans la chambre par la cassure de la table, et sont, sans doute, l'œuvre des bergers et des paysans qui viennent chercher un refuge dans le dolmen, lorsqu'il fait mauvais temps. C'est à ces derniers qu'il faut également attribuer, comme l'a fait déjà remarquer Prosper Mérimée dans ses *Notes d'un voyage en Corse* en décrivant le monument de Fontanaccia, les deux marches en grosses pierres brutes qui facilitent la descente dans l'intérieur du dolmen (M, M).

(Le dolmen de Fontanaccia se trouve sur la propriété de M. Noël Roccaserra, numéro parcellaire 551 de la section C (Murtala) des plans de la commune de Sartène.)

Dolmen de Fontanaccia.

Échelle 1/70.

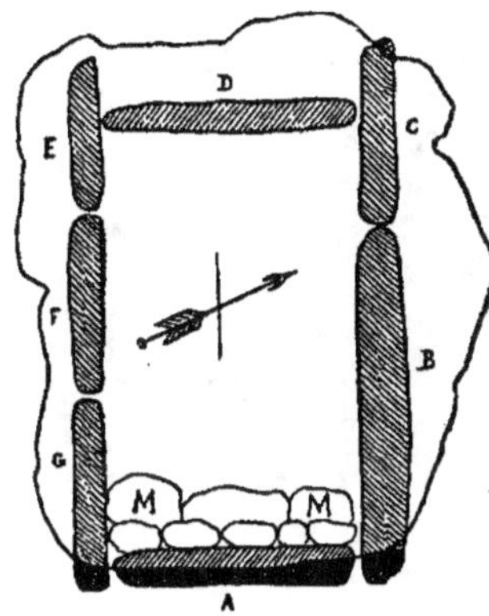

Fig. 6. — ½ Plan.

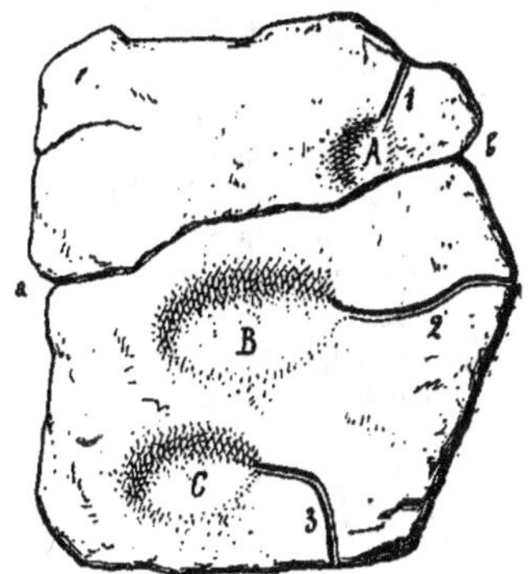

Fig. 7. — Table (H).

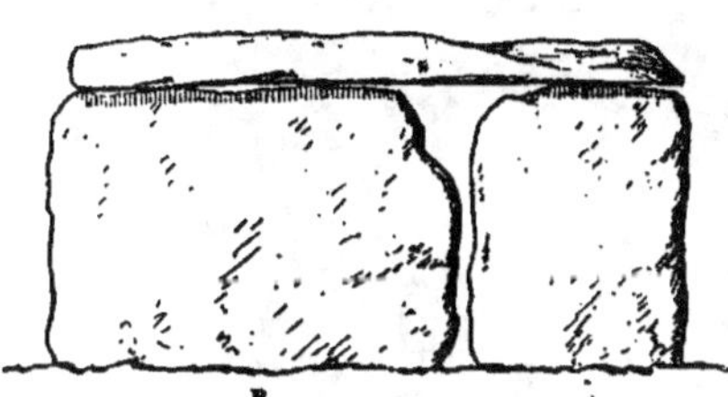

Fig. 8. — Côté N.-N.-E.

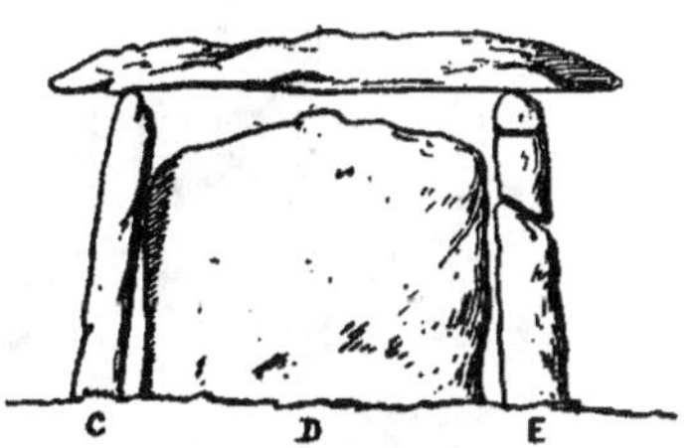

Fig. 9. — Côté O.-N.-O.

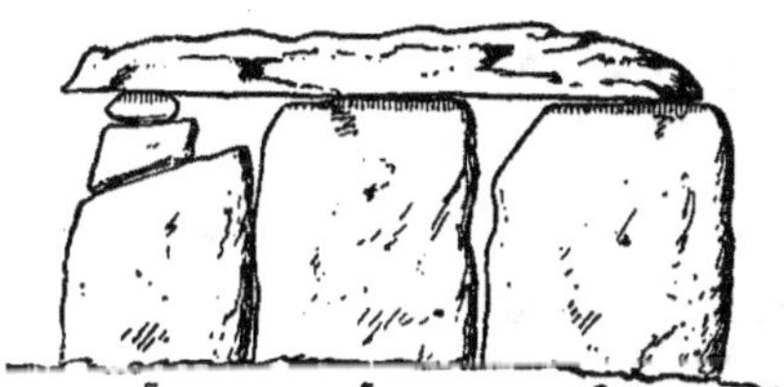

Fig. 10. — Côté S.-S.-O.

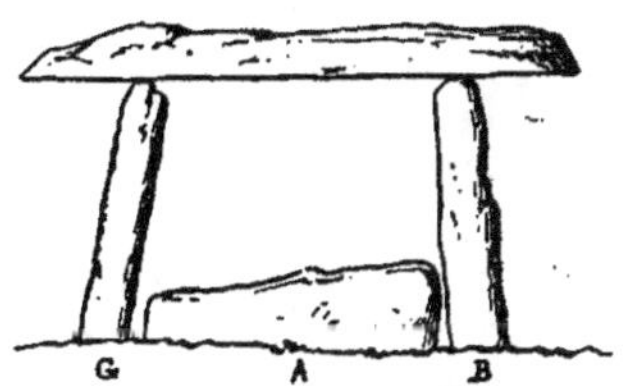

Fig. 11. — Côté E.-S.-E.

Dimensions des dalles du dolmen de Fontanaccia (extérieurement).

A. Hauteur,   0,25 à 0,45.
   Largeur,   1,60.
B. Hauteur,   1,57.
   Largeur,   2,30.
   Épaisseur, 0,20 à 0,30.
C. Hauteur,   1,58.
   Largeur,   1,10.
   Épaisseur, 0,20.
D. Hauteur,   1,40.
   Largeur,   1,70.

E. Hauteur,   1,30 (cassée).
   Largeur,   1,00.
   Épaisseur, 0,28.
F. Hauteur,   1,40.
   Largeur,   1,15.
G. Hauteur,   1,40.
   Largeur,   1,20.
   Épaisseur, 0,20.
H. Longueur, 3,40. (Table.)
   Largeur,   2,90.

Fig. 12. — Dolmen de Fontanaccia, vu du N.-N.-O.

Dimensions de la chambre (intérieur).

Hauteur,   1m,80.
Longueur, 2m,60.

Largeur en bas, 1m,60.
   —   en haut, 1m,40.

IV. — Menhirs de Caouria.

Commune de Sartène, chef-lieu d'arrondissement.

Il existe encore dans le voisinage des trois monuments mégalithiques que nous venons de décrire, plusieurs petits menhirs isolés, mesurant moins de 1 mètre de hauteur.

V. — Menhir de Manza.

Commune de Sartène, chef-lieu d'arrondissement.

Ce menhir se voit près de la *Bergerie de Manza*, au Nord de la plaine de Caouria, pas très loin de la *Pointe de Patania*.

Il est actuellement un peu ébréché et couché au pied d'un arbuste, qui en l'ombrageant en a fait un lieu de repos où viennent s'asseoir les bergers.

Dimensions du menhir de Manza.

Longueur, 2^m,40; largeur, 0^m,55; épaisseur, 0^m,25.

Menhir de Manza.
Échelle 1/60.

Fig. 13. — Plan.   Fig. 14. — Coupe.

VI. — Menhirs de la Pila.

Commune de Sartène, chef-lieu d'arrondissement.

PLANCHE XIV, N° 2.

Ces menhirs sont situés à peu de distance au Sud-Est de la Bergerie de Manza, au lieu dit *la Pila*, dans le col appelé *Bocca della Pila*, sur les monts qui s'étendent le long de la rive droite de la rivière l'Ortolo.

Ils sont au nombre de deux, légèrement inclinés l'un et l'autre; le premier (A) est une dalle plate et le second (B) une sorte de pilier carré. Ce dernier sert depuis longtemps de pied-droit à une légère porte en bois qui ferme le champ enclos d'un mur en pierres sèches dans lequel se trouve l'autre menhir. C'est à ces pierres que l'endroit a emprunté son nom.

Dimensions des menhirs de la Pila.

A. Hauteur, 2^m,10.
   Largeur, 0^m,72.
   Épaisseur, 0^m,20.

B. Hauteur, 1^m,65.
   Largeur, 0^m,40.
   Épaisseur, 0^m,40.

Distance entre A et B = 1^m,40.

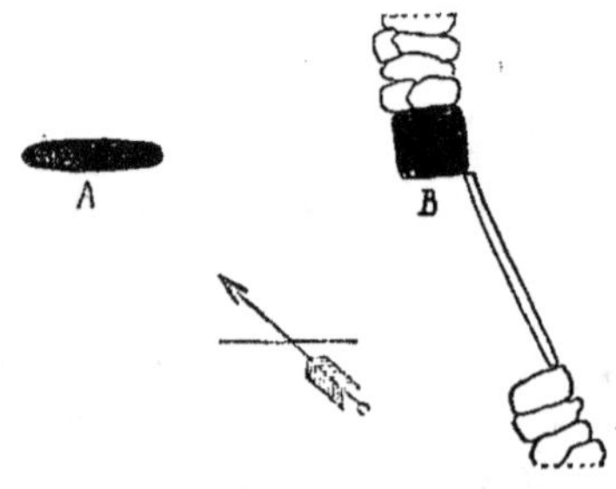

Fig. 15. — Plan des menhirs de la Pila.

VII. — DOLMEN DE VACCIL-VECCHIO.

Commune de Grossa, arrondissement de Sartène.

PLANCHE XI, Nº 2.

Le dolmen de Vaccil-Vecchio se trouve au-dessous de *Grossa*, à quelques minutes de ce village, en allant du côté de *Vaccil-Vecchio*,

au lieu dit *Alzopara*. On l'appelle *Tola di Bizzico Roso*, Table du
Bec rongé.

Dolmen de Vaccil-Vecchio.

Échelle 1/70.

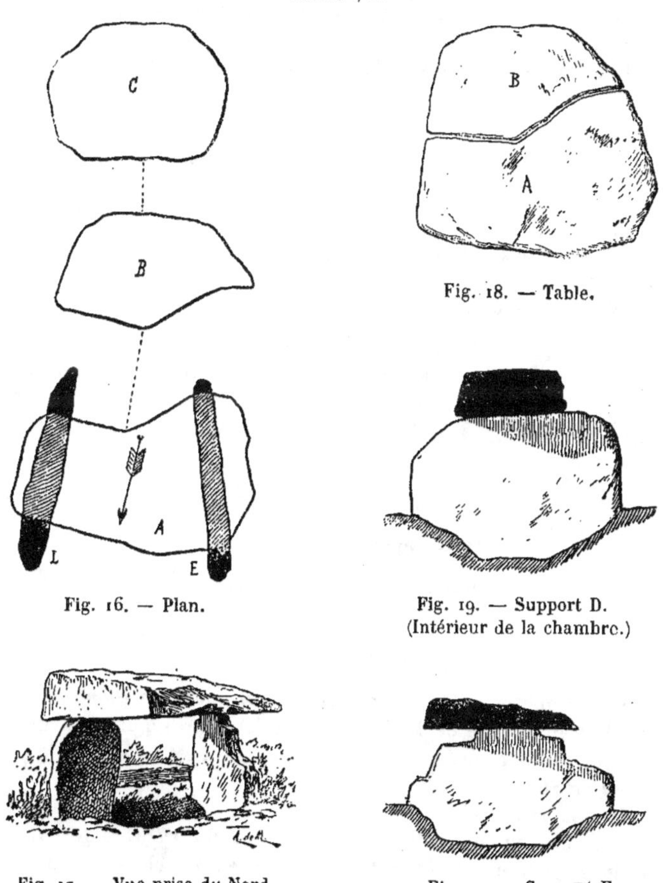

Fig. 18. — Table.

Fig. 16. — Plan.

Fig. 19. — Support D.
(Intérieur de la chambre.)

Fig. 17. — Vue prise du Nord.

Fig. 20. — Support E.
(Intérieur de la chambre.)

Il est actuellement en assez mauvais état et ne se compose plus que
de trois dalles plus ou moins ébréchées : deux supports sensiblement

inclinés l'un vers l'autre et une épaisse table (A) dont une partie cassée (B) gît à terre à 1 mètre environ du monument. Une quatrième dalle (C), couchée à 0^m,50 du fragment (B) de la table de recouvrement et enfoncée dans les broussailles, a dû appartenir au dolmen. C'était probablement une seconde table.

(Le dolmen de Vaccil-Vecchio est situé sur la propriété de MM. le chanoine Pietri (de Sartène) et Pierre Quintus Pietri, parcelle n° 127 de la section B des plans de la commune de Grossa.)

Dimensions du dolmen de Vaccil-Vecchio.

A (table)	C (dalle gisant à terre)	E (support)
Longueur max., 1^m,50		
Largeur max., 2^m,40	Longueur, 1^m,40	Hauteur, 1^m,20
Épaisseur max. ,0^m,48	Largeur, 1^m,85	Largeur, 2^m
		Épaisseur, 0^m,15 à 0^m,20
B (fragment de la table)		
Longueur, 1^m,15		
Largeur, 2^m,10	D (support)	La chambre :
La table entière devait		
avoir :	Hauteur, 1^m,40	Largeur (coté sud), 1^m,20
	Largeur, 2^m,10	— (coté nord), 1^m,68
Longueur, 2^m,25	Épaisseur, 0^m,30	Hauteur, 1^m,50
Largeur, 2^m,40		

VIII. — Menhirs de Vaccil-Vecchio.

Commune de Grossa, arrondissement de Sartène.

PLANCHE XIV, N° 1

Ce groupe est situé au lieu dit *Stantaro*, dans le *Piano di Vaccil-Vecchio* (plaine de la Vieille Vacherie), à près d'une centaine de mètres du dolmen de Vaccil-Vecchio, dont il est séparé par le petit *ravin de Stantare*.

Il comprend trois menhirs ayant la forme de colonnes ovales terminées un peu en pointe au sommet. Un seul est encore debout (A), mais le propriétaire de l'enclos où se trouvent ces blocs de granite, se rappelle en avoir vu deux plantés perpendiculairement l'un à côté de l'autre. Le second aurait été cassé par la foudre. Sa base (B^1) est encore enterrée, mais fortement inclinée, et auprès d'elle gisent plusieurs fragments (B^2, B^3), parmi lesquels ne se voit pas le sommet. Le troi-

sième menhir (C), renversé depuis longtemps, est couché et en partie
enterré. Il est pourtant intact.

Comme on peut s'en rendre compte sur le plan, ces trois colonnes
paraissent avoir formé autrefois un triangle. Elles devaient avoir, à
peu de choses près, les mêmes dimensions.

(Les menhirs de Vaccil-Vecchio se trouvent sur un terrain en friche
appartenant à M. Paul-Sauveur Tomasi (de Grossa), parcelle n° 135
de la section B, des plans de la commune de Grossa.)

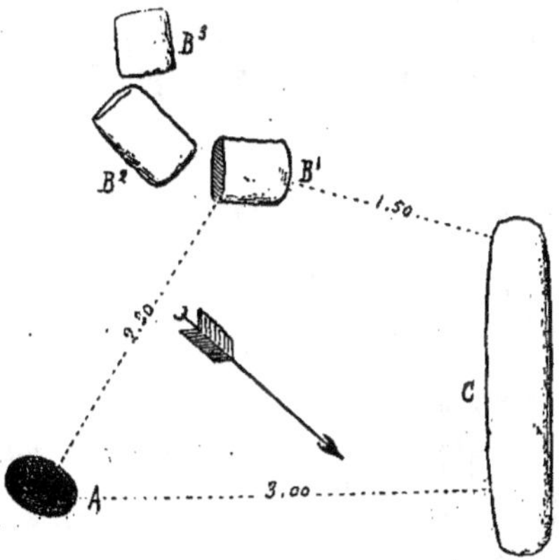

Fig. 21. — Plan des menhirs de Vaccil-Vecchio.

Dimensions des menhirs de Vaccil-Vecchio.

A (debout).
Hauteur, 3m,20.
Circonférence en bas, 1m,50.
B (cassé en plusieurs morceaux).
B¹ (base encore plantée en terre).
B² et B³ (fragments).

La longueur totale des trois morceaux B¹, B² et B³ est de moins de
2m, mais il manque des fragments.
C (couché et enterré).
La longueur de la partie visible
(découverte) est de 2m,35.

D'après des renseignements qui nous ont été communiqués par
M. Paul Tomasi, il y avait jadis, au devant des trois grands menhirs,
cinq autres menhirs, hauts d'environ 1 mètre, formant un pentagone.
Ces cinq petits menhirs ont été détruits par un de ses oncles, Jean-
Baptiste Tomasi, pour cultiver l'espace qu'ils occupaient.

IX. — Menhir de Capo-di-Luogo.

Commune de Belvedere-Campo-Moro, arrondissement de Sartène.

PLANCHE XV, N° 1

Ce menhir est situé au lieu dit *la Stantara*, au sud du golfe de Valinco, entre Campo-Moro et Belvedere, sur les hauteurs dites *Capo-di-Luogo*, non loin du dolmen de *la Tola*.

Il est formé d'un gros bloc plat de granite, plus large en haut qu'en bas, solidement planté en terre.

Dimensions du menhir de Capo-di-Luogo.

Hauteur, 2ᵐ,5o.
Largeur en bas, oᵐ,6o.

Largeur en haut, oᵐ,75.
Épaisseur, o,32.

Fig. 22. — Elévation.

Menhir de Capo-di-Luogo.

Échelle 1/70.

Fig. 23. — Coupe.

X. — Dolmen de Capo-di-Luogo.

Commune de Belvedere-Campo-Moro, arrondissement de Sartène.

Le dolmen de Capo-di-Luogo est situé au lieu dit *la Tola*, à quelques centaines de mètres au Nord du menhir de Capo-di-Luogo, sur une hauteur qui se trouve en face de la pente où est le menhir et qui domine de l'autre côté le golfe de Valinco.

Ce dolmen, placé au milieu d'une quantité de blocs épars de dimensions fort diverses, est en assez mauvais état. Bien qu'il soit connu dans l'endroit sous le nom significatif de *la Tola*, la Table, il est pourtant dépourvu aujourd'hui de sa dalle de recouvrement. Les supports seuls sont en place. Ils sont au nombre de quatre et forment une chambre rectangulaire ouverte du côté de la baie de Campo-Moro. Autour du dolmen et dans la chambre se trouvent des morceaux de dalles (A, B, C, D, E, F) qui doivent être des fragments de la table.

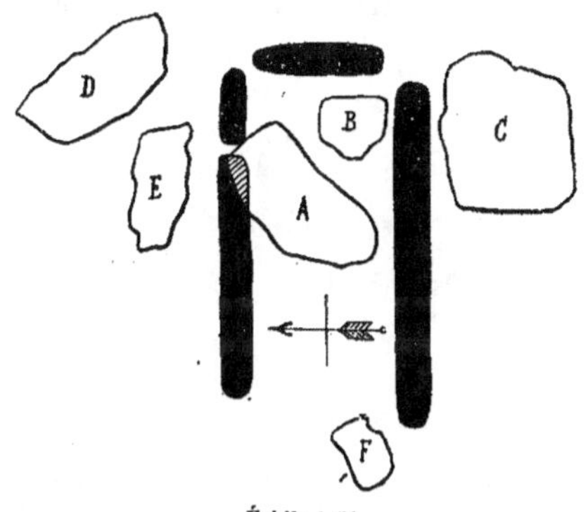

Échlle 1/70.

Fig. 24. — Plan du dolmen de Capo-di-Luogo.

Dimensions du dolmen de Capo-di-Luogo.

Supports :

I (cassé). Hauteur, 0^m,82 — Largeur, 1^m,80 — Épaiss., 0^m.16

II (cassé). Hauteur, 0^m,35 — Largeur, 0^m,48 — Épaiss., 0^m,15

III Hauteur, 0^m,78 — Largeur, 0^m,85 — Épaiss., 0^m,20

IV (un peu cassé). Hauteur, 0^m,75 — Largeur, 2^m,40 — Épaiss., 0^m,20

Fragments de dalles :

A. Longueur, 1^m,15 — Largeur, 0^m,64

B. Longueur, 0^m,30

C. Longueur, 1^m,10 — Largeur, 0^m,95

D. Longueur, 1^m,20 — Largeur, 0^m,60

E. Longueur, 0^m,85 — Largeur, 0^m,40

F. Longueur, 0^m,30

Dimensions de la chambre :

Longueur, 2^m,60 — Largeur, 1^m — Hauteur, 0^m,82

XI. — Menhir de Portigliolo.

Commune de Belvedere-Campo-Moro, arrondissement de Sartene.

Ce menhir est planté dans un champ, à 5 mètres à gauche de la route qui conduit de Belvedere à la plaine de Tavaria, avant d'arriver à *Portigliolo*, au Sud de la *Punta alli Cardicciani*.

C'est un petit bloc irrégulier de granite, terminé en pointe.

Hauteur du menhir de Portigliolo : 0ᵐ,90.

Échelle 1/70.

Fig. 25. — Menhir de Portigliolo.

XII. — Menhirs du Rizzanese.

Commune de Sartène, chef-lieu d'arrondissement.

PLANCHE XV, Nᵒ 2

Ces menhirs sont situés au lieu dit *Stanteri*, dans la vallée du Rizzanese entre la rivière le *Rizzanese* et la route nationale nᵒ 196, à peu près à mi-chemin de Propriano à Sartène. En allant à Sartène, on les aperçoit non loin de la route, sur la gauche.

Ce sont deux blocs de granite de dimensions différentes, inclinés l'un vers l'autre. Ils sont distants de 0ᵐ,90 à leur base, tandis qu'il n'y a plus que 0ᵐ,56 du sommet du petit au grand. Ce dernier a été cassé à son extrémité supérieure et le morceau détaché est resté au pied.

Ces deux menhirs sont connus dans le pays sous plusieurs noms différents : *le Stantare* ; *le Due Stantare* ; *il Frate e la Suora*, le Frère et la Sœur, que l'on traduit aussi par le Moine et la Religieuse ; *le Monaci*, les Moines, etc. Il circule sur leur compte diverses légendes. On raconte à Sartène qu'une fois un moine enleva une religieuse dont il était épris et que pendant qu'ils s'enfuyaient tous deux dans la direction de Propriano, afin de gagner la mer, le bon Dieu pour les punir les changea en pierres. Le plus gros menhir serait le moine et le plus petit la religieuse.

(Les deux menhirs des bords du Rizzanese se trouvent sur la parcelle nᵒ 1 de la section F des plans de la commune de Sartène.)

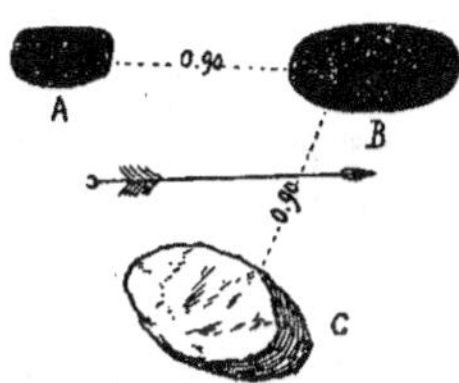

Fig. 26. — Élévation.

Fig. 27. — Plan.

Dimensions des menhirs du Rizzanese.

A. Hauteur, 1ᵐ,25.
  Largeur, 0ᵐ,5o.
  Circonférence en bas, 1ᵐ,4o.
B (cassé). Hauteur, 2ᵐ,6o.
  Largeur, 0ᵐ,86.
  Circonférence en haut, 2ᵐ,35.
  Ciconférence en bas, 2ᵐ.

C (fragment détaché du somme du menhir B).

Le menhir B devait avoir à peu près 3ᵐ de hauteur lorsqu'il était entier.

Il y avait autrefois dans la vallée du Rizzanese un plus grand nombre de menhirs. Vers 1810, Mathieu a rencontré sur les bords de cette rivière, entre Sartène et la mer, précisément à l'endroit occupé par les deux *Stantare* que nous venons de décrire, quatre pierres de fortes dimensions, plantées verticalement. Ces pierres, qui avaient de 3 mètres à 4ᵐ,5o de hauteur sur 0ᵐ,75 à 0ᵐ,95 d'épaisseur, étaient disséminées dans un espace d'environ 4oo mètres de long et distantes l'une de l'autre d'à peu près 120 mètres.

2

XIII. — Dolmen de Condutto.

Commune de Viggianello, arrondissement de Sartène.

PLANCHE XII, Nos 1 ET 2

Ce dolmen se trouve au lieu dit *Condutto*, à une centaine de mètres au-dessous et à gauche de la route qui va de Propriano à Viggianello, et à 2 kilomètres à peu près de Propriano. La petite colline sur laquelle il s'élève est un contrefort des hauteurs qui séparent le bassin du Baracci de celui du Rizzanese.

Le dolmen de Condutto est composé de cinq dalles assez épaisses : quatre supports formant une chambre rectangulaire ouverte au Sud-Est et une table passablement ébréchée, qui en glissant a fait pencher

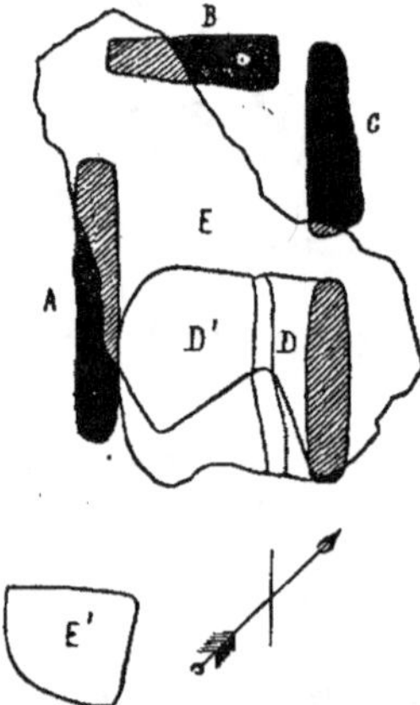

Fig. 28. — Plan.

Dolmen de Condutto.

Échelle 1/70.

Fig. 29. — Table.
a à *b*, partie cassée.

un des supports en dehors et a cassé le support voisin, dont les deux morceaux sont actuellement couchés dans l'intérieur du monument.

On remarque sur la face supérieure de la table une sorte de cupule conique (G) faite, ou tout au moins retouchée, par l'homme.

Dimensions du dolmen de Condutto.

A (support).
Hauteur, de 1m,25 à 1m,75.
Largeur, 1m,70.
Épaisseur, 0m,23.
B (support).
Hauteur, 1m,15.
Largeur, 1m,05.
Épaisseur, de 0m,22 à 0m,36.
C (support incliné en dehors).
Hauteur, 1m.
Largeur, 1m,10.
Épaisseur, de 0m,25 à 0m,40.
D (support cassé en deux, D et D').
Hauteur, 1m,35.

Largeur, 1m,25.
Épaisseur, 0m,3o.
E (table).
Longueur, 3m,06.
Largeur, 1m,82.
Épaisseur max., 0m,35.
E¹ (morceau de la dalle E gisant à 1m,5o du dolmen).

Dimensions de la chambre (intérieurement).

Longueur, 2m,3o.
Largeur, 1m,20.
Hauteur, 1m,75.

XIV. — Dolmen du Taravo.

Commune de Sollacaro, arrondissement de Sartène.

Ce dolmen est situé au Nord de la *plaine du Taravo*, sur la rive gauche et à peu de distance de la rivière le *Taravo*, tout près de la *Bocca della Stazzona*, col auquel il a donné son nom. La petite colline sur laquelle il s'élève est à environ 5 kilomètres de Sollacaro et 3 kilomètres et demi de la mer, à vol d'oiseau.

Le dolmen de la vallée du Taravo est aujourd'hui complètement ruiné. Un seul des supports restés debout est intact. Les autres sont brisés. La table, qui gisait à côté du monument vers 1840, quand Prosper Mérimée a visité ce dernier, a été détruite tout dernièrement par le propriétaire, qui s'est servi des morceaux pour réparer l'escalier de sa maison.

Fort heureusement, ce dolmen a été décrit par le capitaine Mathieu, Pr. Mérimée et Hucherot qui l'ont vu lorsqu'il était en meilleur état. Il devait même être à peu près intact vers 1810, car le capitaine Mathieu en donnait à cette époque la description suivante : « Le monument celtique, dont il est ici question, est composé de trois énormes pierres plates qui se coupent à angle droit et d'une quatrième superposée. La pierre du fond est percée par un trou à sa partie supérieure.

La pierre superposée, plus épaisse que celles qui sont perpendiculaires au sol, est placée dans une position parallèle à l'horizon. »

On remarque à un des angles supérieurs de la dalle, qui est encore debout, une forte échancrure (*a*, *b*, *c*) qui paraît avoir été retouchée et comme régularisée par l'homme. Ce vide devait être l'entrée primitive de la chambre.

« Au Nord du dolmen, suivant Prosper Mérimée, du côté où le sol incline, on remarque comme un mur grossier, formé de grandes

Dolmen du Taravo.

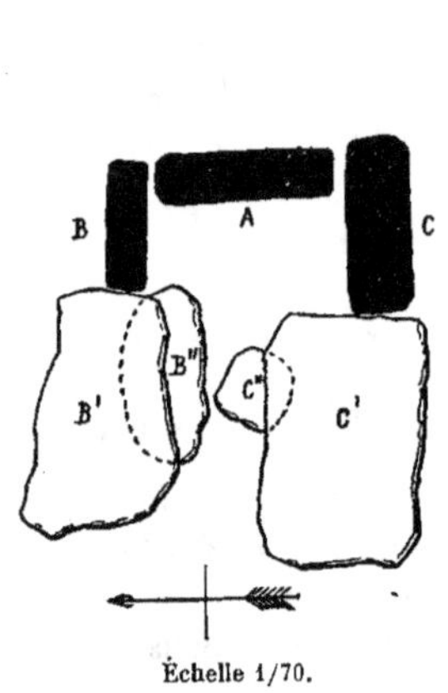

Échelle 1/70.

Fig. 30. — Plan.

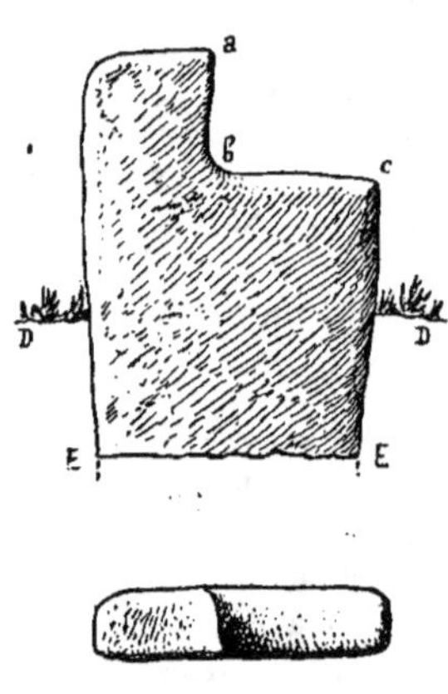

Échelle 1/50.

Fig. 31 et 32. — Élévation et plan du support A.
DD. Niveau actuel du sol extérieurement. — EE. Niveau du sol à l'intérieur de la chambre.

pierres brutes, confusément entassées pour soutenir les terres. Cela s'étend pendant une trentaine de mètres en décrivant une courbe très légère, dont la concavité regarde le dolmen. En prolongeant cette courbe par la pensée on obtiendrait une espèce d'ellipse allongée, qui aurait entouré autrefois le dolmen. On peut expliquer cet empierrement par la seule disposition du sol, et le désir de retenir autour du monument les terres que les pluies auraient pu entraîner. »

Le dolmen du Taravo est appelé dans le pays *la Stazzona del Diavolo*, la Forge du Diable, et il court à ce sujet quelques légendes dans lesquelles le Diable joue le principal rôle. « Suivant une tradition, rapportée par P. Mérimée, le Diable aurait assemblé ces pierres de sa main pour lui servir d'enclume. Quelquefois on entendrait les coups de son redoutable marteau. »

Un berger dit au capitaine Mathieu qu'à certaines époques de l'année beaucoup de paysans n'osaient en approcher, parce qu'ils prétendaient qu'on y entendait un bruit épouvantable, imitant celui de marteaux frappant sur une enclume.

On raconte aussi qu'un jour ou une nuit, le Diable, mécontent de son travail, jeta son marteau du haut de la Stazzona dans la plaine du Taravo. Le marteau, tomba à un millier de mètres de là, et forma en s'enfonçant dans la terre un petit étang qu'on appelle quelquefois *lo Stagno del Diavolo*, mais qui est plus connu sous le nom de *Stagno d'Erbajolo*. On conta au capitaine Mathieu que cet étang diabolique s'agrandissait tous les jours.

(Le propriétaire du dolmen du Taravo est M. Séraphin Mondoloni, dont la maison se trouve dans le voisinage de la *Bocca della Stazzona*.)

Dimensions du dolmen du Taravo.

A (support debout).
   Hauteur (intérieur), 1ᵐ,63.
   Hauteur (extérieur), 1ᵐ,20.
   Largeur, 1ᵐ,15.
   Épaisseur, de 0ᵐ,25 à 0ᵐ,28.
a, *b*, *c*. Échancrure de la dalle A.
a, *b* = 0ᵐ,48; *b*, *c* = 0ᵐ,60 (l'angle *b* est arrondi).
B, portion du support Nord encore debout.

B′ et B″, fragments du support Nord. Épaisseur, 0ᵐ,23.
C, portion du support Sud encore debout.
C′ et C″, fragments du support Sud. Épaisseur, 0ᵐ,38.
   La chambre devait avoir :
Longueur, 2ᵐ,50.
Largeur, 1ᵐ,15.
Hauteur, 1ᵐ,63.

XV. — Menhirs et blocs du Taravo.

Commune de Sollacaro, arrondissement de Sartène.

PLANCHE XIII, N° 2

Au lieu dit *Petraja*, à environ 12 mètres au Nord du dolmen du Taravo, du côté de la *Bocca della Stazzona*, se trouvent quatre pierres, plus ou moins plates et terminées un peu en pointe, couchées les unes à côté des autres sans ordre apparent. Ces blocs, qui ne portent au-

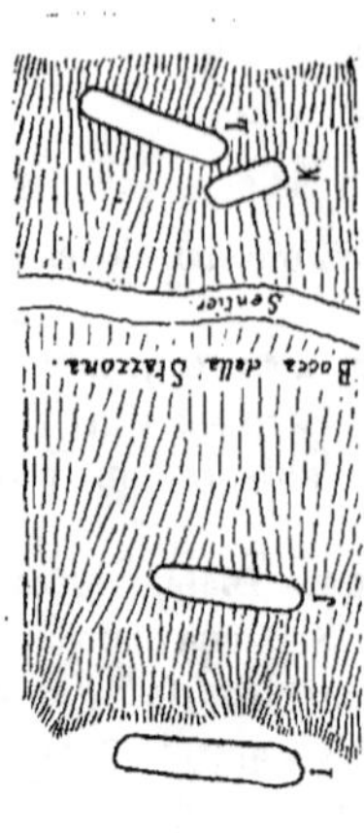

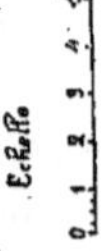

Fig. 33. — Plan d'ensemble.

Dimensions des menhirs et blocs du Taravo.

A, (dolmen du Taravo).

Premier groupe.

m
B. Longueur, 2,22.
   Largeur, 0,50.
C. Longueur, 1,75.
   Largeur, 0,50.
D. Longueur, 1,60.
   Largeur, 0,40.
E. Longueur, 2,00.
   Largeur, 0,50.

Deuxième groupe.

m
F. Longueur, 2,90.
   Largeur, 0,75.
   Épaisseur, 0,35.
G. Longueur, 3,66.
   Largeur, 0,78.
   Épaisseur, 0,40.
H. Longueur, 4,10.
   Largeur, 0,80.
   Épaisseur, 0,50.
I. Longueur, 4,00.
   Largeur, 0,64.
   Épaisseur, 0,44.
J. Longueur, 3,00.
   Largeur, 0,75.
   Épaisseur, 0,30.
K. Longueur, 1,50.
   Largeur, 0,50.
   Épaisseur, 0,50.
L. Longueur, 3,40.
   Largeur, 0,52.
   Épaisseur, 0,45.

cune trace de travail humain, sont peut-être des menhirs renversés?

A 12 mètres de ce groupe, toujours dans la direction du col, il en existe un second composé de sept gros blocs, qui ont un aspect tout différent de celui des pierres du premier groupe. Ce sont comme de fortes colonnes à fûts à peu près carrés légèrement arrondis aux angles. « Plusieurs d'entre elles, ainsi que l'a fait remarquer Mérimée, ont à leur base comme un bourrelet ou plutôt un socle grossier réservé dans la masse. » Bien que toutes traces d'outils aient disparu, leur forme et leur régularité laissent croire qu'elles ont été au moins dégrossies ou équarries. Ces blocs sont certainement fort anciens, cependant ils ne nous semblent pas devoir être considérés comme contemporains du dolmen. Alexandre Grassi croit avoir reconnu sur quelques-uns d'entre eux des traces de sculptures grossières, des ébauches de figures humaines, mais je n'ai rien remarqué de semblable.

Le capitaine Mathieu qui a examiné, vers 1810, ces piliers de granite, dit qu'ils lui ont rappelé des blocs du même genre, qu'on prétend avoir été taillés par les Romains et qu'il a observés aux îles Lavezzi entre la Corse et la Sardaigne.

XVI. — Dolmen du Mont Rivinco.

Commune de Santo-Pietro-di-Tenda, arrondissement de Bastia.

PLANCHE XIII, N° 1

Ce dolmen est situé sur un petit plateau, au pied du *Mont Rivinco*, entre le hameau de *Casta* et Saint-Florent, à gauche de la route nationale qui va de l'Ile-Rousse à Saint-Florent, après avoir dépassé Casta.

Le dolmen du Mont Rivinco est composé de cinq dalles, dont quatre servent de supports et forment une chambre rectangulaire. La cinquième est une grande table assez irrégulière qui recouvre cette chambre. Le support du fond dépasse de près de 0^m,50 la paroi qui est au Sud-Sud-Ouest. Pour entrer dans le monument, on est obligé de passer par une sorte de porte, qui a 0^m,50 à peine de largeur, ménagée entre un petit support ancien et un amas de pierres moderne. L'aire de la chambre, qui se trouve de 0^m,20 à 0^m,40 au-dessous du sol environnant, est encore en partie pavée de petites dalles irrégulières.

Ce dolmen, nommé dans le pays : *la Casa dell' Orco*, la Maison de l'Ogre, la Maison du Géant, la Maison du Cyclope ou la Maison du

Titan, est le sujet de légendes sur lesquelles nous aurons l'occasion de revenir plus loin, en parlant d'autres monuments mégalithiques qui se trouvent dans la même région.

Actuellement *la Casa dell' Orco* sert, en hiver, de refuge aux bergers, qui l'abandonnent pendant l'été pour se retirer dans les montagnes. Ce sont ces bergers qui ont construit tous les travaux en pierres sèches qui se trouvent devant l'entrée du dolmen : 1° une sorte de parc de forme ovale (R), entouré d'un mur d'environ 1 mètre de hauteur, dans lequel on pénètre par trois portes; une de ces ouvertures (T) est placée du côté du dolmen, la seconde (S) sert à la rentrée du troupeau et la troisième (V) conduit à un passage ou vestibule (Q); 2° une bergerie couverte (O), construction rectangulaire, composée de murs en pierres sèches et d'un plafond en bois recouvert de terre, qui ne s'élève guère à plus de 1 mètre au-dessus du sol. Le bétail peut entrer sous cet abri par deux portes (X, X), ouvertes sur le vestibule (Q) dont nous avons déjà parlé (fig. 40).

Tout autour de la maison de l'Ogre on voit un certain nombre de dalles et pierres diverses — les unes debout, les autres couchées — qui doivent avoir appartenu à d'autres dolmens, à la destruction desquels les constructeurs de la bergerie ont vraisemblablement pris une grande part. La plus intéressante de ces pierres est une grande table (M) qui gît à 7 mètres au Sud-Ouest du dolmen. Sur la face supérieure de ce bloc se trouve une espèce de bassin ou grande cuvette ovale (N), creux probablement naturel retouché et corrigé par l'homme (fig. 41) et relié au bord le plus voisin par une rigole (P) du genre de celles du dolmen de Fontanaccia.

(La propriété sur laquelle s'élève *la Casa dell' Orco* est située sur le territoire de la commune de Santo-Pietro-di-Tenda et appartient à M. Louis Romanacce, de Rapale, commune du canton de Murato.)

Dimensions du dolmen du Mont Rivinco.

A (support).
Hauteur, 1ᵐ.
Largeur, 2ᵐ,80.
Épaisseur, 0ᵐ,22.
B (support).
Hauteur, 1ᵐ.
Largeur, 2ᵐ,30.
Épaisseur, 0ᵐ,20.
C (support).
Hauteur, 1ᵐ.
Largeur, 3ᵐ.
Épaisseur, 0ᵐ,15.
D (support).
Hauteur, 0ᵐ,90.
Largeur, 0ᵐ,50.
Épaisseur, 0ᵐ,18.
E (table).
Longueur, 2ᵐ,80.
Largeur, 2ᵐ,05.
Épaisseur, 0ᵐ,38.
a, b. — filon qui traverse la table.

La chambre a, intérieurement :

Hauteur, 1ᵐ,38.
Longueur, 2ᵐ,15.
Largeur, 1ᵐ,50.

Dolmen du Mont Rivinco.

Echelle 1/70.

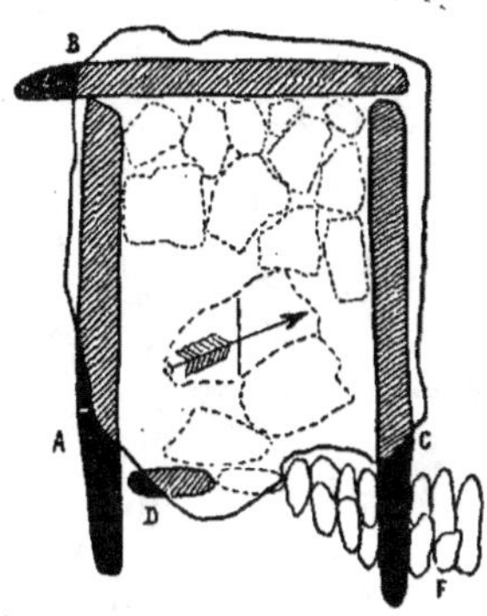

Fig. 34. — Plan.

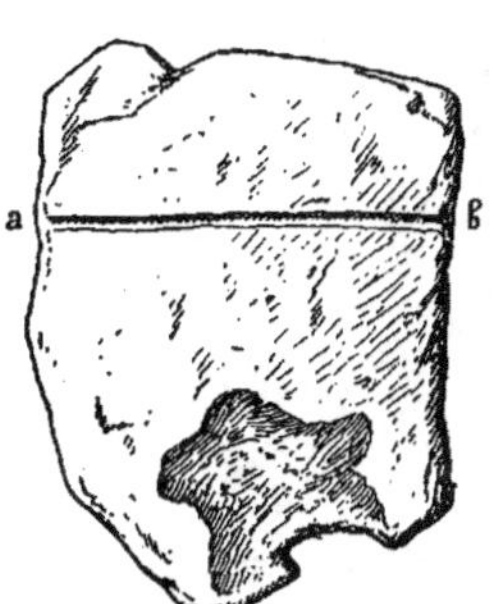

Fig. 35. — Table.

Fig. 36. — Côté S.-S.-O.

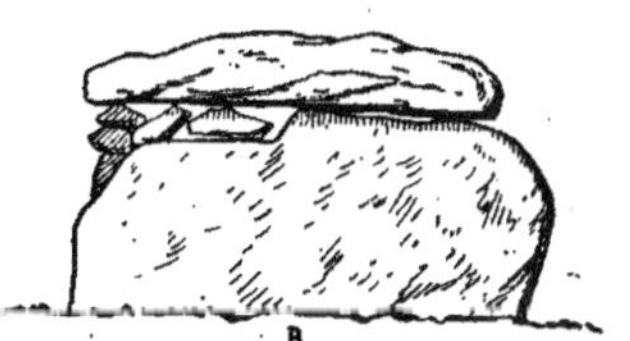

Fig. 37. — Côté O.-N.-O.

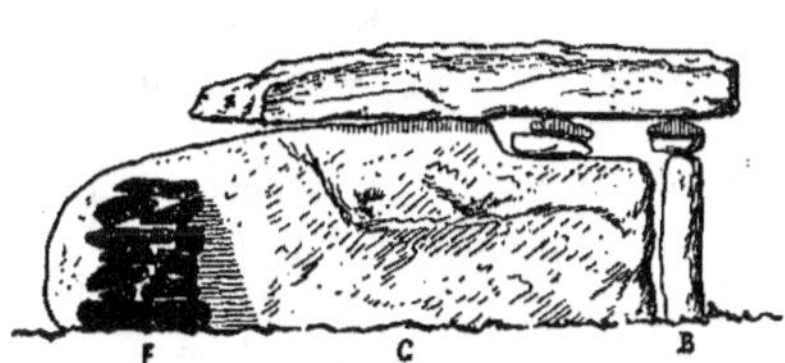

Fig. 38. — Côté N.-N. E.

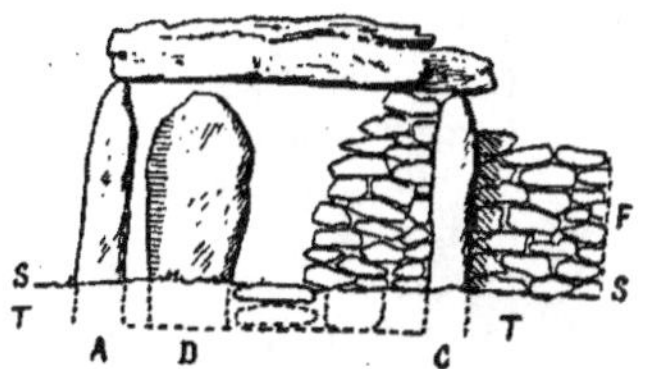

Fig. 39. — Côté E.-S.-E.

F. Mur en pierres sèches. — SS. Sol actuel en
dehors du dolmen. — TT. Niveau du dallage
de la chambre.

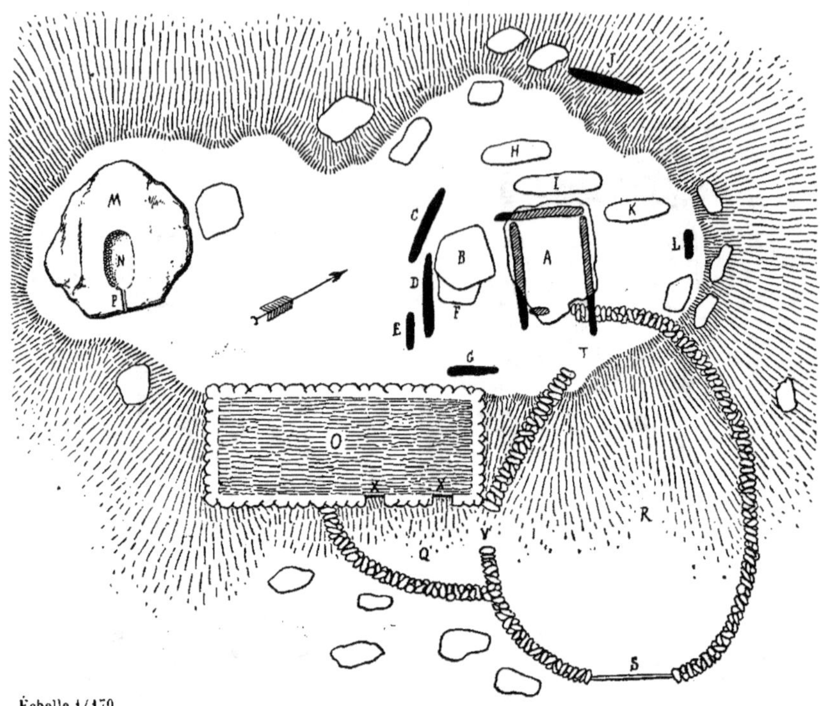

Échelle 1/170.

Fig. 40. — Plan d'ensemble du dolmen et de la bergerie du Mont Rivinco.

Dimensions des dalles voisines du dolmen du Mont Rivinco.

A, dolmen.
B, dalle couchée.
 Longueur, 1ᵐ,3o.
 Largeur, 1ᵐ,3o.
C, dalle debout, penchée.
 Hauteur, oᵐ,8o.
 Largeur, 1ᵐ,9o.
D, dalle debout, penchée.
 Hauteur, oᵐ,95.
 Largeur, 1ᵐ,9o.
E, petite dalle cassée.
F, dalle couchée sous B.
G, dalle inclinée et cassée.

H, dalle ou menhir (cou-
 ché).
 Longueur, 1ᵐ,3o.
 Largeur, oᵐ,5o.
 Épaisseur, oᵐ,15.
I, espèce de menhir cou-
 ché.
 Longueur, 2ᵐ.
 Largeur, oᵐ,55.
 Épaisseur, oᵐ,25.
J, dalle debout.
 Hauteur, oᵐ,7o.

 Largeur, 1ᵐ,85.
 Épaisseur, oᵐ,25.
K, espèce de menhir
 couché.
 Longueur, 1ᵐ,4o.
 Largeur, oᵐ,5o.
 Épaisseur, oᵐ,3o.
L, dalle debout.
 Hauteur, oᵐ,78.
 Largeur, oᵐ,65.
 Épaisseur, oᵐ,12.
M, pierre à bassin.

Dimensions de la pierre à bassin du Mont Rivinco.

M (dalle épaisse).
  Longueur, 3ᵐ,5o.
  Largeur, 3ᵐ,25.
Proportions de la cuvette N.
  Longueur, 1ᵐ,3o.

Largeur, oᵐ,70.
Profondeur, oᵐ,24.
P. Rigole qui joint la cuvette au bord.
  Longueur, oᵐ,6o.

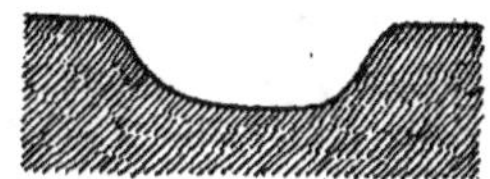

Échelle 1/35.

Fig. 41. — Coupe de la cuvette de la pierre à bassin M, suivant la largeur.

DOLMENS ET MENHIRS DIVERS.

Depuis le mois de juillet 1883, époque à laquelle a été fait le relevé qui précède, il nous a été signalé de divers côtés des dolmens et des menhirs nouveaux. On trouvera ci-dessous toutes les indications que nous avons pu, jusqu'à présent, recueillir sur ces monuments.

1. *Dolmens du Mont Rivinco.* — Commune de Santo-Pietro-di-Tenda, arrondissement de Bastia.

D'après des renseignements qui nous ont été obligeamment fournis par M. le chanoine Venturini, M. Alessandri et M. Guidone Franceschi, il y aurait, dans le voisinage du Mont Rivinco, non pas un, mais quatre dolmens :

Celui que nous avons décrit ; un deuxième qui se trouve près d'un petit pont, à environ 200 mètres du point où, après avoir quitté la montée de Saint-Florent, on aperçoit Casta ; un troisième, situé à environ 5oo mètres du précédent sur la *Bocca Morella*, au pied d'une colline qui est traversée par le chemin muletier conduisant à Santo-Pietro ; enfin, un quatrième placé à 5oo mètres environ à l'Est du premier.

D'après M. Guidone Franceschi, le second et le troisième de ces monuments ont les mêmes dimensions et sont à peu près dans le même état. Ils sont dépourvus de leurs dalles de recouvrement; les supports des grands côtés sont cassés et ne dépassent terre que de quelques centimètres ; seuls les supports des extrémités mesurent encore de 0ᵐ,75 à 1ᵐ,5o de hauteur au-dessus du sol. Les chambres de ces deux dolmens auraient 5 mètres de longueur sur 1ᵐ,5o de largeur.

Suivant une tradition locale, les deux premiers dolmens auraient été, l'un la demeure de l'*Orco*, l'autre la demeure de sa mère, l'*Orca*; et les deux derniers seraient les tombeaux de la mère et du fils. La légende appelle l'endroit où se trouvent ces monuments *la Valle dell' Orco*, la Vallée de l'Ogre. Elle rapporte tout à ce géant redoutable, qui remplissait le pays de terreur. Les habitants, dit-on, cherchaient depuis longtemps à s'en défaire sans pouvoir y parvenir, lorsque à force de ruse des bergers finirent par l'attraper. Ses nombreux ennemis se jetèrent alors sur lui et le tuèrent ainsi que la mère, qui ne fit aucune résistance après la mort de son fils. On raconte aussi qu'avant de mourir, l'*Orco*, espérant obtenir sa grâce, enseigna aux bergers la recette du *broccio* corse [1].

M. Guidone Franceschi a recueilli une version plus complète de cette légende : Durant de longues années, les Corses avaient tout fait pour s'emparer de l'Ogre, afin d'en délivrer le pays ; mais ils n'avaient pu réussir à le prendre, car toujours il fuyait avec la rapidité de la foudre au moment où l'on croyait le tenir. Un jour, enfin, des bergers eurent une ingénieuse idée. Ils placèrent près de sa demeure, une grosse et lourde botte enduite de goudron à l'intérieur. L'Ogre, ayant vu cette chaussure, y introduisit le pied, qu'il ne put retirer. Ses adversaires fondirent alors sur lui pour le massacrer. Comme il lui était impossible de fuir, l'Ogre se rendit et parla ainsi : « Laissez-moi la vie et je vous apprendrai à tirer grand parti du petit-lait de vos chèvres. » Telle serait l'origine du *broccio*. Non satisfaits, les bergers persistaient à vouloir le tuer, mais l'Ogre leur fit de nouvelles promesses : « Je vous apprendrai maintenant à fabriquer de la cire avec le dernier lait qui a servi à faire le *broccio*. » Sur ces entrefaites survint l'Ogresse qui dit à son fils : « Ne donne pas cette recette, car tu n'échapperas pas à la mort. » Et l'Ogre fut tué ainsi que l'Ogresse.

---

1. Espèce de fromage blanc, très goûté en Corse, fait avec du petit-lait de chèvre.

2. *Menhirs de Capo-Castinco.* — Commune de Santo-Pietro-di-Tenda,
arrondissement de Bastia.

Sur une colline située au-dessus de Casta, à environ une demi-
heure de marche du côté de Santo-Pietro, dans la région de *Capo-
Castinco* qu'on nomme aussi *Croce* dans le pays, se trouve un curieux
menhir, qui nous a été signalé par M. Guidone Franceschi. C'est un
bloc planté en terre qui semble avoir été grossièrement taillé de manière à imiter une figure humaine. La tête est presque ronde, tandis
que le corps est aplati. Ce monument, appelé *il Frate* (le Frère, le Re-
ligieux ou le Moine), mesure 1^m,60 de hauteur au-dessus du sol et
0^m,46 de largeur à sa base. La partie supérieure présente un profil
avec nez et menton en saillie et une double dépression dessinant le
cou. Elle a 0^m,46 de largeur du nez à l'occiput et 0^m,26 seulement à
la hauteur du cou. Le lieu où est dressé ce menhir porte le nom de
Mammucciolo (petit mamelon ou monticule de terre).

M. Ambroise Grimaldi, de Santo-Pietro, a indiqué à M. Guidone
Franceschi un second menhir, semblable au précédent, placé sur une
colline à 400 mètres du premier.

En suivant le chemin muletier qui de Capo-Castinco conduit à
Santo-Pietro, on rencontre à 1 kilomètre et demi du *Frate*, sur la
colline de *Sesinaccia,* un troisième menhir aujourd'hui renversé,
dont le sommet élargi et arrondi paraît aussi représenter très grossièrement une tête humaine, quoiqu'il ne porte aucune trace appa-
rente de travail. Ce menhir a les dimensions suivantes : longueur,
1^m,20 ; épaisseur, 0^m,16 ; largeur, 0^m,46 vers l'un des bouts et 0,32
au milieu.

3. *Dolmen d'Oletta.* — Commune d'Oletta, arrondissement de
Bastia.

Un dolmen nous avait été signalé sur la commune d'Oletta ; M. Guidone Franceschi, qui l'a visité, nous a donné sur ce monument les
renseignements suivants : Le dolmen d'Oletta se trouve sur la mon-
tagne d'Oletta à un millier de mètres environ au-dessus de cette belle
et riche commune, dans le *Gualdoso,* propriété de M. Cavalace. Il se
compose d'un bloc énorme placé entre deux grosses pierres et formant
grotte au Nord et au Sud. Cet assemblage pourrait très bien ne pas
être l'œuvre de l'homme.

4. *Menhirs de Lama.* — Commune de Lama, arrondissement de Bastia.

Entre Urtaca et Lama, non loin de cette dernière localité, à 115 mètres à droite et au-desssus de la route carrossable, sur un petit plateau, devaient se dresser autrefois trois menhirs, dont un seul était encore debout en 1883. Les deux autres servent depuis longtemps de soubassement à une petite cabane. L'enclos dans lequel sont ces monuments porte le nom significatif de *la Colonna* ou *le Colonne*, et appartient à M. Alexandre Suzzoni (de Lama).

Le menhir resté debout est penché vers l'Ouest. Il mesure 1ᵐ,90 de hauteur, 0ᵐ,46 de largeur et 0ᵐ,36 d'épaisseur. Sur la face qui regarde le Sud est un grand creux, ou espèce de niche, long de 0ᵐ,60, large de 0ᵐ,10 et profond d'environ 0ᵐ,12, affectant la forme d'un ovale irrégulier terminé en pointe dans le bas et arrondi dans le haut.

Nous devons ces indications à M. le chanoine Venturini et à M. Guidone Franceschi, qui tous deux ont examiné ces mégalithes.

En octobre 1883, après la visite de M. Guidone Franceschi, des gens du pays, pensant que ce zélé palethnologue était venu chercher un trésor, ont fait des fouilles autour du menhir debout qu'ils ont fini par renverser. Cela a permis de constater qu'il était enfoncé dans le sol de 0ᵐ,50. Sa longueur totale est par conséquent de 2ᵐ,40.

5. *Dolmens de la Cima all' Arca.* — Commune de Palasca, arrondissement de Calvi.

Sur une colline assez élevée, nommée *Cima all' Arca* ou *Cima all' Arche,* Cime du Tombeau ou des Tombeaux, et située non loin de la rivière le Regino, à droite de la route nationale qui va de l'Ile-Rousse à Saint-Florent, sont les ruines d'un grand dolmen. M. Guidone Franceschi qui l'a visité dernièrement n'a retrouvé que quelques dalles à demi recouvertes et entourées de broussailles, mais il a vu des personnes qui lui ont dit avoir enlevé quatre dalles de 3 mètres de longueur, de 1 mètre et même 1ₘ,25 de haut et d'une épaisseur variant entre 0ᵐ,20 et 0ᵐ,25. MM. Grimaldi et Ph. de Caraffa qui examinèrent ces pierres, il y a déjà un certain nombre d'années, alors que le monument était en moins mauvais état, y avaient parfaitement reconnu un dolmen. La dénomination de *Cime des Tombeaux* et quelques souvenirs conservés dans le pays, laisseraient même croire qu'il y en avait anciennement plusieurs. La Cima all' Arca appartient à M. Ange-François Leoni (de Belgodere).

6. *Menhirs de Palaggio.* — Commune de Sartène, arrondissement de Sartène.

M. Adolphe d'Ortoli, de Sartène, nous a signalé plusieurs menhirs dressés et couchés, dont quelques-uns d'assez grandes dimensions, situés non loin de la route de Sartène à Tizzano à peu de distance de la mer, près du lieu dit *Palaggio*.

7. *Dolmen du Niolo.* — Arrondissement de Corte.

Un dolmen a été signalé au centre de l'île, dans les montagnes qui séparent les arrondissements de Corte et d'Ajaccio. Plusieurs auteurs en ont parlé, mais presque tous sans l'avoir vu.

« Dans les plus hautes montagnes du Niolo, dit Prosper Mérimée, un groupe de pierres entassées les unes sur les autres est connu sous le nom de *Stazzoná*. Si je suis bien instruit, cet amas serait le résultat d'un accident naturel. Cette Stazzona est située à l'Est et fort près du lac de Nino. On passe devant en allant du Niolo à Solcia. »

Dans son *Itinéraire descriptif et historique de la Corse*, Léonard de Saint-Germain rapporte la légende qui suit, contée par les bergers du Niolo : « Le Diable labourait un jour avec ses bœufs sur le plateau supérieur du Campotile; il eut une dispute avec Saint Martin qui lui reprochait de ne pas savoir tracer un sillon droit. Le Diable soutint le contraire, et prétendit qu'il allait en creuser un si droit et si parfait que Saint Martin ne trouverait rien à y redire. Il se mit à l'œuvre, mais comme ses bœufs n'allaient pas bien, il les piqua avec sa fourche; dans le mouvement qu'ils firent, le soc de la charrue heurta contre un rocher et se brisa. Pris de colère, il lança le soc dans les airs avec une telle force, qu'il alla frapper le Mont Tafonato (Mont troué), y creusa l'ouverture que l'on voit maintenant et retomba dans la mer du côté de Filosorma. Lorsque, revenu de la surprise que lui avait causé ce qui venait d'arriver, le Diable se retourna pour ôter le joug à ses bœufs, il les trouva changés en pierres. Saint Martin avait saisi ce moment pour disparaître.

« Les deux grosses pierres tout à fait semblables, une troisième posée horizontalement sur les deux premières et une quatrième étendue sur le sol, ne seraient, d'après la légende, autre chose que les bœufs, le joug et la charrue du Diable, pétrifiés par la puissance de Saint Martin. Non loin de là, un amas de pierres confuses représenterait la forge du démon : aussi l'appelle-t-on *Stazzona*. C'est un dolmen ou un tombeau », ajoute Léonard de Saint-Germain.

M. Venturini et M. Alexandre Grassi nous ont également assuré que c'était bien un dolmen.

Nous n'avons malheureusement pas pu obtenir des renseignements plus précis et plus complets sur la situation et la forme de ce prétendu monument.

8. *Menhir de la Polmona.* — Commune d'Olmiccia, arrondissement de Sartène.

M. Alexandre Grassi a signalé entre Propriano et Tallano, au confluent du Rizzanese et du Fiumicicoli, un menhir connu dans le pays sous le nom de *Stantare della Polmona*[1].

9. *Cromlech du Cap Corse.* — Arrondissement de Bastia.

D'après des renseignements qui nous ont été communiqués par le Dr Hollande, au Cap Corse, entre le Mont de Ventejole et Luri, se trouve un petit plateau au centre duquel est un cercle de pierres droites. Les habitants désignent l'endroit sous le nom de *Mont Maudit* ou *Martyre des Vierges*. C'est probablement le même monument qui a été décrit par Mattei dans l'*Avenir de la Corse* du 20 février 1867. Le *Pinzu a Berghine*, dit Mattei, peut être rattaché aux menhirs ; il se trouve dans le Cap Corse, sur le col qui sépare la vallée de Luri de celle de Barrettali (*Col de Pinzo Vergine* de la carte de l'État-major).

1. Alexandre Grassi, *Menhirs de la Corse*, dans la *Science pour tous* du 21 décembre 1865.

10. *Menhir de Santa-Maria.* — Commune de Cambia, arrondissement
de Corte.

M. Venturini nous a parlé d'un menhir situé à peu de distance de
Saint-Laurent, à côté de l'église de Sainte-Marie de Vallerustie. Ce
serait, suivant une légende locale. une statue de femme. D'après une
notice publiée par M. Mahoudeau dans la *Revue mensuelle de l'École
d'anthropologie de Paris* (année 1893) et accompagnée d'une figure,
ce monument est une longue et étroite plaque de pierre de forme assez
irrégulière. Il mesure 2^m,10 de hauteur, 0^m,35 de largeur moyenne
et 0^m,12 d'épaisseur moyenne. Au sommet est une face humaine
grossièrement sculptée et dans le milieu a été gravée une inscription
aujourd'hui absolument illisible. Nous ne savons à quelle époque peut
appartenir ce monolithe.

11. *Dolmen de la Escita.* — Commune d'Olmi-Cappella, arrondissement de Calvi.

M. Guidone Franceschi nous a annoncé avoir découvert un dolmen
à 200 ou 300 mètres au Nord d'Olmi-Cappella, au-dessus de la maison
du maire, M. Poletti, sur la colline appelée *la Escita*. Le monument
se compose d'un gros bloc reposant sur deux pierres massives de manière à former au-dessous un vide, une sorte de grotte, d'environ
1 mètre de hauteur. L'ensemble a la forme d'un dolmen, et M. Guidone Franceschi a constaté que la pierre de dessus avait été adaptée
avec art. L'endroit où se trouve ce mégalithe est fortifié par la nature
et par l'homme : il est entouré de blocs énormes placés les uns sur
les autres.

OBSERVATIONS GÉNÉRALES
SUR LES MONUMENTS MÉGALITHIQUES DE LA CORSE

Les monuments mégalithiques de l'île de Corse sont, comme on vient de le voir, en tout semblables à ceux de la Bretagne et du reste de la France. Ils comprennent des dolmens, des menhirs et des alignements. Les pierres dont sont composés ces mégalithes ne portent en général aucune trace de travail humain. Les blocs d'époque incertaine de la vallée du Taravo, quelques menhirs douteux, et peut-être aussi le support échancré du dolmen du col de la Stazzona, font seuls exception.

Noms locaux. — Les dolmens sont généralement appelés en Corse : *Stazzone,* pluriel de *Stazzona* [1], qui signifie *Forge.* Ces forges étant assez fréquemment attribuées au diable, on trouve parfois la dénomination : *Stazzona del Diavolo,* Forge du Diable. On emploie également, mais moins souvent, le mot : *Tola,* Table, exemple : *Tola diu Peccatu,* Table du Péché, etc.

Les menhirs sont nommés : *Stantare,* au singulier *Stantara,* et quelquefois aussi *Monaci,* les Moines, au singulier *Monaco.* On ignore l'origine du mot *Stantara.* Une expression, dont on se sert depuis longtemps : *faire la stantara,* désigne un jeu d'enfants qui consiste à se tenir tout droit, la tête par terre et les pieds en l'air. Enfin dans certaines localités les menhirs se nomment encore *Colonne,* Colonnes.

Distribution. — Les monuments mégalithiques de la Corse sont répartis dans trois arrondissements : ceux de Sartène, de Bastia et de Calvi. Ces mégalithes forment deux groupes fort éloignés : l'un au Nord et l'autre au Sud de l'île. Le groupe septentrional, qui occupe une portion de l'arrondissement de Bastia et s'étend jusque sur celui de Calvi, se compose de sept dolmens et de six menhirs. Le groupe méridional, qui est confiné dans la partie occidentale de l'arrondissement de Sartène, comprend cinq dolmens, trente-quatre menhirs et deux alignements. Les monuments mégalithiques de l'arrondissement de Corte sont incertains, et il n'en a été jusqu'à présent signalé aucun dans l'arrondisement d'Ajaccio.

Formes et dimensions. — Les dolmens corses sont d'une assez grande régularité et composés de dalles de fortes dimensions mais peu nom-

---

1. Plusieurs villages et hameaux, où il y avait anciennement des forges à la catalane, portent le nom de *Stazzona.*

breuses, chacune des parois étant généralement formée d'un seul support. Ces constructions fort simples n'ont aucune espèce de vestibule. Leurs chambres ne présentent pas la diversité de formes que l'on rencontre en Bretagne; elles sont toutes rectangulaires et de dimensions assez uniformes : longueur, de $2^m,15$ à $2^m,60$; largeur, de 1 mètre à $1^m,60$ et hauteur, de $1^m,38$ à $1^m,80$.

Les menhirs sont généralement beaux ; on voit que ces blocs ont été choisis avec un certain soin parmi les nombreux matériaux qu'offre surtout la région granitique. Leurs formes et leurs dimensions sont assez variées. Il en est de plus larges au sommet qu'à la base, comme celui de Capo-di-Luogo. D'autres, le menhir debout de Vaccil-Vecchio par exemple, ressemblent à de véritables colonnes. Ce dernier qui mesure $3^m,20$ de hauteur au-dessus du sol, est la plus élevée des *Stantare* que nous ayons pu voir en Corse, si l'on excepte les blocs de la vallée du Taravo dont la longueur atteint jusqu'à $4^m,10$. La hauteur de la plupart des autres menhirs varie entre 1 et 3 mètres.

Roches employées. — Tous les mégalithes du groupe méridional, qui se trouve en plein dans la région granitique, sont en granite. Dans le groupe septentrional on a utilisé des roches diverses : granite, gneiss et autres. Ainsi, les dolmens du Mont Rivinco sont composés de dalles de gneiss. Les matériaux employés paraissent avoir été souvent pris sur place et ne doivent, dans tous les cas, pas venir de bien loin, car il y a toujours, à proximité des monuments, des gisements de la roche qui a servi à les construire.

Renseignements divers. — Il n'y a plus aucunes traces de tumulus autour des dolmens que nous avons examinés et les tumulus sont d'ailleurs fort rares en Corse. Ces dolmens sont aujourd'hui complètement vides; ils servent d'abri aux bergers, qui ont par conséquent intérêt à les conserver. Nous n'avons pu recueillir la moindre indication sur l'époque de leur découverte ni sur les objets et les ossements qu'ils ont dû contenir. Tout ce que nous avons pu apprendre sur leur compte, c'est que plusieurs d'entre eux sont connus depuis très longtemps dans le pays.

Inventaire des monuments mégalithiques de la Corse[1].

	DOLMENS	MENHIRS	ALIGNEMENTS	CROMLECH
Arrondissement de Sartène.				
Commune de Sartène (chef-lieu de canton).	I	12	2	»
— de Grossa (canton de Sartène) . . .	I	8	»	»
— de Belvedere-Campo-Moro (canton de Sartène)	I	2	»	»
— de Viggianello, (canton d'Olmeto).	I	»	»	»
— de Sollacaro (canton de Petreto-Bicchisano)	I	II	»	»
— d'Olmiccia (canton de Santa-Lucia-di-Tallano)	»	I	»	»
Totaux pour l'arrond. de Sartène.	5	34	2	»
Arrondissement de Bastia.				
Commune de Santo-Pietro-di-Tenda (chef-lieu de canton)	4	3	»	»
— d'Oletta (chef-lieu de canton). . . .	I	»	»	»
— de Lama (chef-lieu de canton).	»	3	»	»
Canton de Luri.	»	»	»	I
Totaux pour l'arrond. de Bastia.	5	6	»	I
Arrondissement de Calvi.				
Commune de Palasca (canton de Belgodere).	I	»	»	»
— d'Olmi-Cappella (chef-lieu de canton).	I	»	»	»
Totaux pour l'arrond. de Calvi.	2	»	»	»
Arrondissement de Corte.				
Canton de Corte	I	»	»	»
Commune de Cambia (canton de San-Lorenzo).	»	I	»	»
Totaux pour l'arrond. de Corte.	I	I	»	»
Totaux pour le département de la Corse.	13	4I	2	I

1. Nous avons compté dans cet inventaire :
Les sept blocs du Taravo et les quelques monuments douteux.
Deux pour les petits menhirs épars dans la plaine de Caouria.
Trois pour les menhirs de Palaggio, dont nous ne connaissons pas le nombre exact (ces deux derniers chiffres sont des minima).

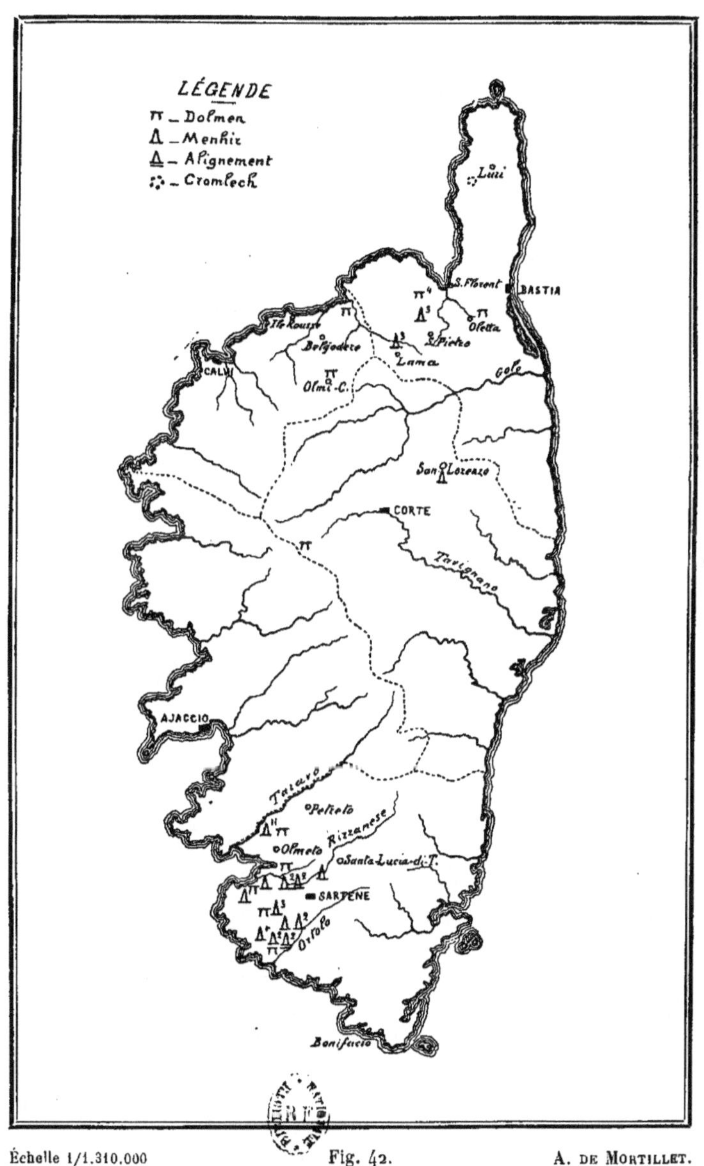

Échelle 1/1.310.000   Fig. 42.   A. DE MORTILLET.

ANGERS, IMP. BURDIN ET Cⁱᵉ, 4, RUE GARNIER. 4.

1. — DOLMEN DE FONTANACCIA. *(Vu du S.-E.)*

Phot. *A. de Mortillet.*

Imp. *Berthaud.*

2. — DOLMEN DE VACCIL-VECCHIO. *(Vu du S.)*

1. — DOLMEN DE CONDUTTO. *(Vu du S.-E.)*

2. — DOLMEN DE CONDUTTO. *(Vu du N.-O.)*

1. — DOLMEN DU MONT RIVINCO. *(Vu du S.)*

Phot. A. de Mortillet.

2. — BLOCS DE LA BOCCA-DELLA-STAZZONA. *(Blocs H, G, et F, vus du N.-N.-O.)*

I. — MENHIR DE VACCIL-VECCHIO. *(Vu du S.)*

Phot. A. de Mortillet.

1. — MENHIR DE CAPO-DI-LUOGO. (*Vu du N.-E.*)

Imp. Berthaud.

2. — MENHIRS DU RIZZANESE. (*Vus de l'O.*)